SOBERANÍA, CIUDADANÍA AMERICANA Y OPCIONES DE STATUS POLÍTICO PARA PUERTO RICO

DEFINIDOS POR LA CONSTITUCIÓN DE LOS ESTADOS UNIDOS DE AMÉRICA

Juan José Nolla-Acosta

ISBN 978-1-312-49544-9

90000

9 781312 495449

PRÓLOGO

El próximo 11 de junio de 2017, el pueblo de Puerto Rico votará en un plebiscito donde las opciones son la Estadidad y la Libre Asociación/Independencia. Un voto por la Estadidad es un voto para que Puerto Rico mantenga una relación política dentro de la Constitución Federal. Un voto por la Libre Asociación/Independencia es un voto para colocar a Puerto Rico fuera de la Constitución de los Estados Unidos.

Cada vez que discutimos el futuro de nuestra relación con los Estados Unidos de América, nos enfrentamos con el uso de dos términos: Soberanía y Ciudadanía Americana. Ambos términos han sido utilizados y mal utilizados como parte de nuestro "eterno" debate sobre el Status Político.

La Soberanía es uno de los términos que más frecuentemente se mal utilizan en los debates sobre Status. Soberanía es el poder que los ciudadanos, individual y colectivamente ("el pueblo") le otorgan a su gobierno. Es el pueblo quien crea al gobierno, no el gobierno al pueblo. El pueblo americano, en su soberanía, creó los Estados. Los Estados, utilizando la autoridad que les dio el pueblo americano, estableció la

Constitución Federal y con ella la nación que hoy conocemos como "los Estados Unidos de América."

Soberanía no es sinónimo de Independencia. Los Estados de la Unión son Soberanos, pero no son 50 países independientes. Cuando decidieron crear los Estados Unidos de América, cedieron parte de su autoridad al país independiente que crearon. Cuando crearon la Constitución en 1787, establecieron la autoridad que le daban al Gobierno Federal, la autoridad que mantenían los Estados, y la autoridad que retenía cada ciudadano individualmente. La Constitución establece dos tipos de soberanía, dentro de la Constitución y fuera de la Constitución.

El otro asunto, que es muy importante para nuestro pueblo, es la Ciudadanía Americana que ostentamos los puertorriqueños. A partir de la aprobación de la Ley Federal del 2 de marzo de 1917 (39 Stat. 951, capítulo 145), conocida como la Ley Jones, los puertorriqueños ostentamos la ciudadanía de los Estados Unidos de América ("Ciudadanía Americana"). Esa ciudadanía nos confirió ciertas protecciones básicas, individuales y colectivas. Al aprobarse nuestra Constitución en el 1952, se consignó en su preámbulo que la ciudadanía de los Estados Unidos de América, es un factor determinante en nuestras vidas. Los ciudadanos americanos residentes en Puerto Rico, sin distinción de partidos políticos, sexo, edad, o localización, consideramos muy o bastante importante nuestra ciudadanía americana. El 79% de la población considera la ciudadanía americana muy importante, el 13% la considera bastante importante, el 4% la considera un poco importante, y sólo el 3% la considera nada importante.

	Muy importante	Bastante importante	Muy + Bastante importante	Un poco importante	Nada importante
Muestra total	79%	13%	**92%**	4%	3%
Lugar de residencia					
Área de San Juan	74%	18%	**92%**	4%	4%
Resto de la isla	82%	11%	**93%**	3%	4%
Género					
Hombres	81%	11%	**92%**	4%	3%
Mujeres	78%	16%	**94%**	3%	3%
Edad					
21-34	79%	14%	**93%**	3%	3%
35-49	80%	13%	**93%**	3%	3%
50+	79%	13%	**92%**	4%	3%
Afiliación política					
PPD	77%	15%	**92%**	5%	2%
PNP	92%	7%	**99%**	1%	0%
Ninguno	70%	17%	**87%**	4%	7%

Conociendo lo importante que es la Ciudadanía Americana para los puertorriqueños, es importante que conozcamos:

1. ¿Qué es Soberanía y cómo esa Soberanía está definida por la Constitución de los Estados Unidos?

2. ¿Qué opciones de Status existen dependiendo de si estamos dentro o fuera de la Constitución Americana?
   a. Dentro de la Constitución
      i. Estados de la Unión.
      ii. Territorios. (Art. IV, §3)
         1. Incorporados.
         2. No Incorporados.
         3. Posesiones.
   b. Fuera de la Constitución
      i. Países Independientes (Art. II, §2)
      ii. Países Independientes en Libre Asociación

3. ¿Qué dispone la Constitución de los Estados Unidos sobre la Ciudadanía Americana? ¿Cómo se afecta la Ciudadanía Americana si estamos dentro o fuera de la Constitución?

4. ¿Qué tipos de Ciudadanía Americana existen? ¿Cuál es el tipo de Ciudadanía Americana que tenemos en Puerto Rico?

5. ¿Qué opción de status nos garantiza nuestra Ciudadanía Americana y le da rango Constitucional?

6. ¿Qué opciones de Status ponen en peligro la Ciudadanía Americana para nuestras futuras generaciones?

Este libro busca explicar de forma sencilla estos conceptos, para que cuando le toque votar en el plebiscito del 11 de junio de 2017, pueda emitir un voto informado sabiendo:

1. ¿Qué opciones de Status nos dejan fuera de la Constitución de los Estados Unidos?

   La Independencia y la Libre Asociación.

2. ¿Qué opción permanente de Status está dentro de la Constitución?

   La Estadidad.

3. ¿Qué opción nos garantiza la Ciudadanía Americana?

   La Estadidad.

4. ¿Qué opciones harían más difícil que nuestros descendientes retengan su Ciudadanía Americana?

   La Independencia y la Libre Asociación.

LA CONSTITUCIÓN DE LOS ESTADOS UNIDOS DE AMÉRICA

- Fue establecida por el pueblo americano en 1787.

- Establece la autoridad del Gobierno Federal para hacer ciertas cosas, pero dice en qué cosas la autoridad es de los Estados o de los ciudadanos individualmente. O sea, le da poderes al Gobierno Federal, pero también se los limita.

- Establece cómo se adquiere la Ciudadanía Americana, y cómo los nacidos fuera de los Estados Unidos pueden obtener o mantener la Ciudadanía Americana (Enmienda 14).

- Determina las relaciones con los Territorios. (Art IV, Sección 3, párrafo 2).

- Establece los mecanismos para que los Territorios puedan obtener un Status Político permanente, dentro (Art. IV, Sección 3, párrafo 1) o fuera de la Soberanía de los Estados Unidos (Art. II, Sección 2 – poder del Presidente para negociar tratados con países extranjeros).

Convención Constituyente en Filadelfia, 1787.

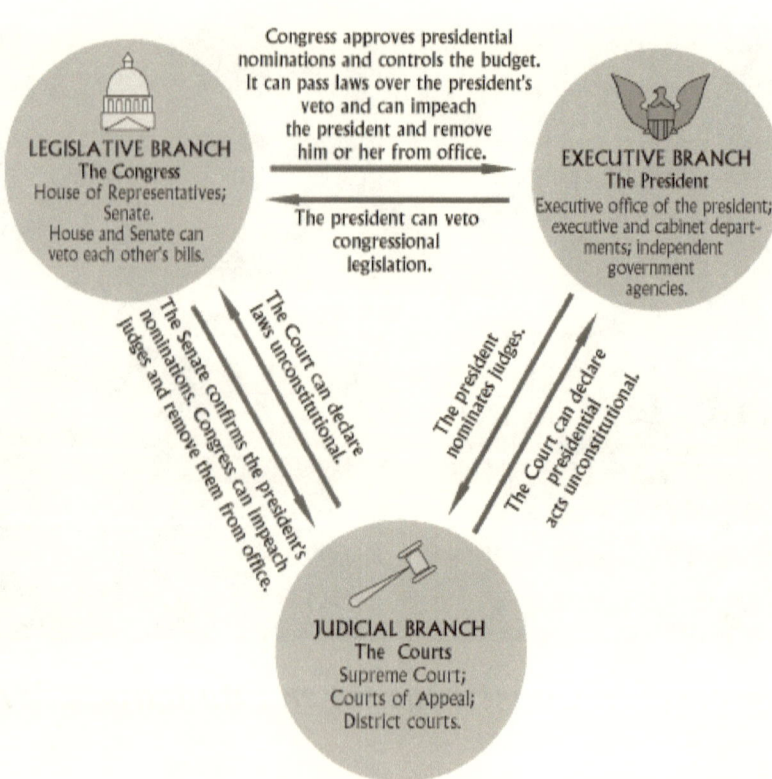

Congress approves presidential nominations and controls the budget. It can pass laws over the president's veto and can impeach the president and remove him or her from office.

LEGISLATIVE BRANCH
The Congress
House of Representatives;
Senate.
House and Senate can
veto each other's bills.

The president can veto congressional legislation.

EXECUTIVE BRANCH
The President
Executive office of the president;
executive and cabinet depart-
ments; independent
government
agencies.

The Senate confirms the president's nominations. Congress can impeach judges and remove them from office.

The Court can declare laws unconstitutional.

The president nominates judges.

The Court can declare presidential acts unconstitutional.

JUDICIAL BRANCH
The Courts
Supreme Court;
Courts of Appeal;
District courts.

Sistema de pesos y contrapesos (checks and balances) establecido por la Constitución.

- *El Presidente puede vetar leyes aprobadas por el Congreso.*
- *El Presidente nombra los jueces federales.*
- *El Congreso puede aprobar leyes por encima del veto del Presidente.*
- *El Senado Federal confirma los nombramientos del Presidente a la judicatura federal.*
- *El Congreso puede residenciar jueces y removerlos de sus puestos.*
- *Los Tribunales puede anular leyes o actos presidenciales si violan la Constitución.*

SOBERANÍA

Soberanía

- **El pueblo es la fuente del poder del Gobierno.**
- **El gobierno recibe su poder del pueblo.**

Esta es una palabra que se utiliza y se mal utiliza constantemente en nuestro debate sobre el Status Político. Esto es lo que significa "Soberanía" bajo la Constitución de los Estados Unidos, porque cualquier opción de status que escojamos tiene que cumplir con la Constitución para que el Congreso la apruebe. Lo que no cumpla con la Constitución, como el llamado "ELA Mejorado," no puede ser considerado como opción de Status.

- Soberanía es el Poder Supremo que los ciudadanos (el Pueblo) le dan al gobierno (Federal, Estatal o Local)

- La Constitución de los EEUU reconoce dos Soberanías dentro de los Estados Unidos.

    - La Soberanía/Autoridad de los Estados (los Estados crearon el Gobierno Federal, no al revés)
        - Los Estados pueden hacer todo menos lo que esté expresamente prohibido a los Estados(Art. I, §10)
            - Declarar la guerra
            - Imprimir dinero
            - Tratados internacionales
            - Leyes de Quiebra

    - La Soberanía/Autoridad del Gobierno Federal
        - El Gobierno Federal solo tiene la autoridad que le da la Constitución (Art. I, §8; esta lista está incompleta)
            - Declarar guerra
            - Imprimir dinero
            - Hacer Tratados Internacionales
            - Aprobar Leyes de Quiebra (para que sean las mismas en cualquier parte de la Nación).
            - Regular el comercio entre los Estados (para que un estado no tenga ventaja sobre otro).

- Si la autoridad para hacer algo no es del Gobierno Federal ni se le prohíbe a los Estados, corresponde a los Estados o a los ciudadanos (Enmienda X).

Concurrent Powers

Delegated Powers   **Reserved Powers**

•Establish Postal System
•Coin Money
•Maintain Military
•Declare War
•Set standards for Weights & Measures
•Regulating Trade
•Copyrights & Patents
•Conducting Diplomacy

•Taxing
•Borrowing Money
•Enforcing Laws
•Providing for the Welfare of Citizens

•Establish local Government
•Set up Schools
•Conducting Elections
•Civil & Criminal Law
•Regulate Trade with in the State

Federalism

- Artículo IV Sección 3 Cláusula 2 – Cláusula Territorial – Poderes del Congreso para gobernar en los territorios que no son Estados, como Puerto Rico.

  o La autoridad del Congreso sobre los territorios solo está limitada por aquello que la Constitución le prohíbe al Gobierno Federal.

- Luego de los 13 Estados fundadores de los Estados Unidos, 37 jurisdicciones han sido admitidas como Estados (Texas no fue territorio, pasó de país independiente a Estado)

o Cada uno de estos 37 Estados tiene su Soberanía Estatal garantizada por la Constitución de los Estados Unidos.

- Los Estados Unidos gobiernan varias jurisdicciones que no son Estados de la unión.

    o Puerto Rico, Guam, Islas Vírgenes, Samoa Americana y Las Marianas del Norte son territorios que tienen un gobierno organizado.

- Cada territorio tiene un gobierno organizado por Ley del Congreso.

    o Puerto Rico, Guam y las Marianas del Norte tienen una Constitución para gobernar los asuntos internos, pero siguen estando bajo el poder del Congreso.
    o Islas Vírgenes y Samoa Americana tienen sus asuntos internos gobernados por leyes aprobadas por el Congreso.

o Los nacidos en Samoa Americana no son ciudadanos de los Estados Unidos. La Ley federal, específicamente la Ley de Inmigración y Naturalización, designa a Samoa Americana como una posesión en 8 USC 1101(a)(29), en 8 USC 1101(a)(36) define lo que es un "Estado" incluyendo, además de los 50 estados actuales, a DC, Puerto Rico, Guam, Islas Vírgenes y las Islas Marianas. En 8 USC 1101(a)(38) se define el término "Estados Unidos" como Estados Unidos continentales, Alaska, Hawaii, Puerto Rico, Guam, Islas Vírgenes y las Marianas.

- El status de cada territorio, estatutario o por tratado, tiene que cumplir con la Constitución.

o El Congreso ha ejercido su soberanía sobre cada territorio en distintas maneras.

o En 1917 el Congreso otorgó ciudadanía americana estatutaria a los nacidos en Puerto Rico.

o Entre 1900 y 1946 Puerto Rico tenía un administrador nombrado por el Presidente de Estados Unidos.

o Desde 1948, el Gobernador de Puerto Rico es electo por los electores de Puerto Rico.

o Desde 1952 Puerto Rico tiene una Constitución para gobernar sus asuntos internos. Sin embargo, eso no cambió la naturaleza de la relación entre Puerto Rico y los Estados Unidos. Tampoco cambió la fuente última del poder sobre Puerto Rico: la cláusula territorial de la Constitución. Véase, Puerto Rico v. Sánchez Valle, 579 US ___ (2016).

o La Constitución de Puerto Rico se aprobó por ley federal. El Congreso enmendó la Constitución que el pueblo de Puerto Rico había aprobado con sus votos antes de ratificarla.

o El Congreso retuvo su soberanía sobre Puerto Rico, pero le prestó a Puerto Rico la autoridad para dirigir sus asuntos internos.

o En Puerto Rico elegimos al Gobernador, legisladores estatales y gobiernos municipales.

o No tenemos representación con voto en el Congreso. Tenemos un Comisionado Residente con voz pero sin voto.

o No podemos votar por el Presidente. No participamos en el Colegio Electoral.

o No tenemos igualdad de derechos y responsabilidades bajo las leyes federales. Nos pueden tratar distinto a los que viven en los Estados.

• Los territorios tienen cierto grado de gobierno propio pero están sujetos a la soberanía del Congreso de los Estados Unidos.

• El Congreso puede dar o quitar autoridad al gobierno territorial según su voluntad.

La Constitución de los Estados Unidos gobierna la relación de los Estados Unidos con aquellas entidades que se encuentran dentro o fuera de la Soberanía de los Estados Unidos. Esto es importante porque tenemos que decidir si vamos a estar dentro o fuera de la Constitución de los Estados Unidos.

Dentro de la Soberanía USA	Fuera de la Soberanía USA

• **Estados**
 	
 • **Territorios**
 	
    ○ **Incorporados**
 	
    ○ **No Incorporados**
 	
    ○ **Posesiones**
	• **Países Independientes.**
	
	 • **Países Independientes en Libre Asociación.**

DENTRO DE LA SOBERANÍA DE LA CONSTITUCIÓN DE LOS ESTADOS UNIDOS

Estado de la Unión

- Status definido por la Constitución.

- Soberanía del Estado no puede ser cambiada ni limitada a menos que se enmiende la Constitución y para eso se necesita que 2/3 del Congreso y ¾ de los Estados estén a favor.

- Relación de **Unión Permanente** entre los ciudadanos del Estado y la Nación.

- **Ciudadanía Americana garantizada por la Constitución** de los Estados Unidos.

Los 50 estados con sus respectivas banderas estatales.

Territorios en general (Incorporados, No Incorporados o Posesiones)

- Su relación con los Estados Unidos está definida por ley federal o tratado.
- Status no es permanente.
- Puede ser cambiado por el Congreso.
- El Congreso mantiene el poder soberano de cambiar el status de un territorio.

Territorio Incorporado

- Está en vías de convertirse en Estado de la Unión
- Los ciudadanos tienen Derechos y responsabilidades iguales que los ciudadanos de los Estados.
- La admisión como Estado se rige por una Ley de Admisión aprobada por el Congreso.
- Algunos estados, como Texas, no pasaron por el Status de Territorio antes de ser Estado.

Periódico anunciando que el Senado de los Estados Unidos aprobó la Estadidad para Alaska, e indicando que la Estadidad para Hawaii ocurriría pronto.

Alaska State Library PCA 20-222

Periódico anunciando la firma del
Presidente Eisenhower de la admisión de
Alaska como Estado #49.

Niña leyendo en el periódico que la Cámara de Representantes de los Estados Unidos había aprobado la Ley para admitir a Hawaii como Estado de la Unión. Solo faltaba la firma del Presidente Eisenhower.

Territorio No Incorporado (Puerto Rico en la actualidad)

- No está necesariamente en vías de ser un Estado o un país independiente.

- Es un Status temporero, sujeto a la voluntad del Congreso.

- Gobierno local establecido por ley federal y limitado a asuntos locales.

- Ciudadanía Americana definida por el Congreso

    o Entre 1900 y 1917 los nacidos en Puerto Rico eran "Nacionales" de los Estados Unidos, pero no Ciudadanos Americanos.

    o Los nacidos en Samoa Americana no son ciudadanos Americanos por nacer allí porque el Congreso no les ha concedido la Ciudadanía Americana. Son Nacionales Americanos pero si quieren ser Ciudadanos Americanos tienen que "jurar bandera." Esto fue ratificado por el Tribunal de Apelaciones para el Circuito del Distrito de Columbia en Tuaua v. United States (2015). El Tribunal Supremo ratificó dicha decisión al no acoger el recurso de Certiorari.

    o Los nacidos en Guam, las Islas Vírgenes y las Marianas del Norte son Ciudadanos Americanos por leyes aprobadas por el Congreso, con las condiciones que impuso el Congreso en cada caso.

Posesión (Puerto Rico entre 1898 y 1900)
- Territorio donde no hay un gobierno local organizado.
- Propiedad de los Estados Unidos.
- No hay derecho a Nacionalidad ni Ciudadanía Americana por nacer allí.

FUERA DE LA SOBERANÍA DE LOS ESTADOS UNIDOS

Estar fuera de la Soberanía de los Estados Unidos quiere decir que la Constitución de los Estados Unidos no aplica porque se trata de países extranjeros e independientes. Los nacidos allí no son Ciudadanos Americanos por nacimiento, porque sería ilógico tener un país independiente donde sus ciudadanos sean ciudadanos de un país extranjero.

Los hijos de ciudadanos americanos que nacen en países independientes se pueden convertir en ciudadanos americanos como sus padres, pero tienen que seguir un procedimiento y cumplir con las reglas que imponga la ley federal, como algunas de las que vimos antes. No es algo que suceda automáticamente.

Hay dos formas principales de estar fuera de la Soberanía de los Estados Unidos. Como un país independiente o como un país con tratado de Libre Asociación.

País Independiente (INDEPENDENCIA PLENA)

- Fuera de la Soberanía de los Estados Unidos.

- Nacionalidad y Ciudadanía separadas (no hay Ciudadanía Americana).

- La Constitución y las leyes de los Estados Unidos no tienen vigencia en el país independiente.

- En el caso de un territorio que se convierte en país independiente la Soberanía de los Estados Unidos sobre el territorio desaparece.

- Las relaciones entre EEUU y otro país independiente están gobernadas por tratados y acuerdos internacionales (Artículo II §2).

NEW YORK, THURSDAY, JULY 4, 1946.

Philippine Republic Is Born As U. S. Rule Ends in Glory

Roxas, Lowering American Flag, Promises Continued Unity—MacArthur Acclaims Filipino Struggle—Truman Pledges Aid

By H. FORD WILKINS
By Wireless to THE NEW YORK TIMES.

MANILA, Thursday, July 4— The Stars and Stripes were gently lowered at 10 o'clock this morning before a huge assembly of dignitaries and citizens as the Philip- fore" he continued. "We mark here today a forward thrust of the frontiers of freedom."

[Texts of statements on Phil- ippine independence, Page 6.]

Periódico anunciando la proclama de la Independencia de las Filipinas. La República de Filipinas se colocó fuera de la Constitución de los Estados Unidos, como país independiente, aparte de los Estados Unidos.

País Independiente en Libre Asociación (En 2012 se le dio el nombre de "ELA SOBERANO" en la papeleta del plebiscito). Esto es un territorio que quiere ir a la Independencia, pero no tiene la capacidad para la Independencia plena.

- El territorio se convierte en un país independiente
  - Puede entrar en un tratado de Libre Asociación con los EEUU o cualquier otro país que quiera entrar en ese tratado. Si Puerto Rico quisiera entrar en un tratado con China, y China está de acuerdo, podríamos tener un tratado de Libre Asociación con China.

- Tiene Soberanía propia, aparte y separada de la de los Estados Unidos.

- Su relación con EEUU no está garantizada por la Constitución.

- La relación entre ambos puede ser terminada por cualquiera de las dos partes.

- No es permanente.

- Es Independencia con un tratado.

- No hay Unión Permanente con los Estados Unidos.

- Los derechos de Ciudadanía Americana no están garantizados por la Constitución de EEUU.

- Los nacidos después de la Independencia no son automáticamente Ciudadanos Americanos.

- El Congreso puede poner condiciones más difíciles que hagan casi imposible que los ciudadanos americanos que vivan en Puerto Rico luego de la Independencia le puedan pasar su Ciudadanía Americana a sus hijos con el proceso de ciudadanía "por sangre."

Nacionalidad y categorías de Ciudadanía Americana.

La **Nacionalidad** Americana **no garantiza ciudadanía Americana.**
Uno puede ser nacional de los Estados Unidos y no ciudadano americano.
Los puertorriqueños eran nacionales pero no ciudadanos americanos entre
1900 y 1917. Eso podría pasar si Puerto Rico escoge la Independencia o la
Libre Asociación. La Ciudadanía Americana de los Puertorriqueños solo
está garantizada por la Estadidad.

Dentro de la Soberanía de los EEUU	Fuera de la Soberanía de los EEUU
Ciudadanía Americana • Constitucional • Estatutaria (por ley federal)	Ciudadanía Extranjera • No son ciudadanos de los Estados Unidos

Ciudadanía Constitucional

- Definida por la 14ta Enmienda a la Constitución y es
  - Garantizada

  - Permanente

  - Irrevocable

  - Incondicional

- Se adquiere por nacimiento o naturalización en un Estado de los Estados Unidos. Los nacidos o naturalizados en un Estado adquieren

  - Ciudadanía Nacional (Americana) y

  - Ciudadanía Estatal (Estado donde resida)

- Solo se pierde por que la persona renuncie a la Ciudadanía

  - Voluntariamente
  - Intencionalmente
  - Incondicionalmente

Cuando Don Juan Mari Brás hizo su "renuncia" a su ciudadanía Americana, el Departamento de Estado de los Estados Unidos la invalidó porque no fue incondicional. El pretendía seguir viviendo en territorio bajo la soberanía de los Estados Unidos sin ser ciudadano, nacional, ni extranjero autorizado a vivir en los Estados Unidos.

Ciudadanía Estatutaria (la que tenemos en Puerto Rico desde 1917)

- Establecida por Ley Federal y **no** por la Constitución.

  o Personas nacidas en un territorio de los Estados Unidos, como Puerto Rico en la actualidad[1].

  o Personas nacidas en el extranjero con padres que sean Ciudadanos Americanos (requiere un procedimiento especial, tiene condiciones). <u>Estados Unidos v. Ginsberg</u>, 243 US 472, 474 (1917); <u>Rogers v. Bellei</u>, 401 US 815, 830-31 (1971).

    ▪ Las siguientes condiciones afectan a los niños nacidos fuera de los EE.UU. y sus posesiones territoriales a padres casados (condiciones especiales afectan a los niños nacidos fuera del matrimonio):

      - Ambos padres ciudadanos:

        o El nacido en el extranjero es un ciudadano si antes del nacimiento uno de los padres ha tenido alguna vez residencia en los EE.UU. Bajo la Libre Asociación o la Independencia, vivir en Puerto Rico no es considerado vivir en los EE.UU.

          ▪ Los nacidos en Puerto Rico luego de que advenga la

---

[1] El Congreso tiene pleno poder bajo la Constitución para conceder la Ciudadanía Americana a los nacidos en los territorios. Véase 8 USC 1402 (Puerto Rico); 8 USC 1403 (la Zona del Canal de Panamá mientras fue territorio de Estados Unidos); 8 USC 1404 (Alaska antes de la Estadidad); 8 USC 1405 (Hawaii antes de ser Estado); 8 USC 1406 (Islas Vírgenes); 8 USC 1407 (Guam); y 90 Stat 263, 265-66 (Islas Marianas).

Independencia no residieron en los Estados Unidos.

- Los hijos de los nacidos después de la Independencia no van a ser Ciudadanos Americanos.

- Un padre es ciudadano EEUU y el otro no

  o El nacido en el extranjero es ciudadano solo si antes del nacimiento el padre ciudadano americano ha vivido en los EE.UU. por al menos un año.

  o De nuevo, haber vivido en Puerto Rico después de la Independencia no cuenta como haber vivido en los Estados Unidos.

  o Los nacidos en Puerto Rico después de la Independencia, que nunca hayan vivido en los Estados Unidos no le pueden pasar su ciudadanía americana a sus hijos.

- Uno de los padres es ciudadano y del otro no se sabe su ciudadanía

    - El nacido en el extranjero es ciudadano si antes del nacimiento, el padre que es ciudadano americano ha estado físicamente presente en los EEUU durante no menos de 5 años, y 2 de esos 5 años fueron después de haber cumplido 14 años.

    - Los nacidos en Puerto Rico después de la Independencia que nunca hayan estado físicamente en los EEUU no le pueden pasar la ciudadanía americana a sus hijos.

- La ciudadanía estatutaria

    o Es con permiso del Congreso mediante ley federal. La Ciudadanía Americana no existe en un territorio meramente porque ese territorio esté bajo la bandera de los Estados Unidos.

    o Sujeta a Condiciones establecidas en la ley.

    o Su concesión puede ser terminada. La ley puede ser derogada/eliminada. Un Congreso puede decir, "A partir del día tal, los nacidos en Puerto Rico no serán ciudadanos de los Estados Unidos por nacimiento."

    o "Nacionalidad" no garantiza Ciudadanía (los Puertorriqueños fueron "Nacionales" pero no Ciudadanos Americanos entre 1900 y 1917)

        ▪ El Congreso puede otorgar la Nacionalidad Americana a una persona o grupo de personas por ley federal o tratado, pero negarle la Ciudadanía Americana a esa persona o grupo de personas.

            • Puerto Rico entre 1900 y 1917 (antes de la Ley Jones)

            • Filipinas entre 1900 y 1945 (antes de su Independencia).

    o Cuando cesa la Soberanía de los Estados Unidos sobre un territorio, todas las formas de ciudadanía Americana estatutaria desaparecen. Con la Independencia desaparece la Ciudadanía Americana estatutaria.

o Los nacidos en el territorio que queda fuera de la Soberanía de los Estados Unidos ya no adquieren Nacionalidad ni Ciudadanía por nacer allí.

o Si Puerto Rico escoge la Independencia o la Independencia en Libre Asociación ("ELA Soberano"), los que nazcan en Puerto Rico luego de la Independencia no van a ser ciudadanos Americanos solo por nacer en Puerto Rico.

CONCLUSIÓN

Los puertorriqueños tenemos dos caminos para nuestro Status político. Podemos permanecer dentro de la Constitución de los Estados Unidos o podemos irnos fuera de la Constitución de los Estados Unidos.

Fuera de la Constitución de los Estados Unidos están la Independencia plena y la Independencia en Libre Asociación (también llamada "Estado Libre Asociado Soberano." Bajo cualquiera de estas opciones, desaparecería la Ciudadanía Americana por nacimiento.

El único Status permanente dentro de la Constitución de los Estados Unidos es la Estadidad. La Estadidad es un Status permanente, protegido por la Constitución e irrevocable (a ningún estado lo pueden sacar de la unión). Bajo la Estadidad, nuestra Ciudadanía Americana se convierte en una Ciudadanía Constitucional, que es permanente, garantizada, irrevocable e incondicional. Bajo la Estadidad nadie nos puede quitar nuestra Ciudadanía Americana a menos que nosotros mismos renunciemos a ella de forma voluntaria, intencional e incondicional.

Usted tiene que escoger si quiere mantenerse bajo la protección de la Constitución de los Estados Unidos y si quiere tener su Ciudadanía Americana garantizada para usted y sus descendientes; o si quiere estar sin la protección de la Constitución de los Estados Unidos y que sus descendientes no tengan garantizada su Ciudadanía Americana.

El 11 de junio, la elección es suya.

ISBN 978-1-312-49544-9

www.ingramcontent.com/pod-product-compliance
Lightning Source LLC
Chambersburg PA
CBHW021852170526
45157CB00006B/2417